AF359063

QVESTION CHRESTIENNE

TOVCHANT LE IEV.

ADDRESSEE
AVX DAMES DE PARIS.

PAR THEOTIME.

Sçauoir si vne personne addonnee au Ieu se peut sauuer, & principalement les femmes.

A PARIS,

Chez IEAN MESTAIS, Imprimeur demeurant à la Porte S. Victor.

M. D. C. XXXIII.

PREFACE

AVX

DAMES.

IL faut que ie vous aduouë (*MES CHERES DAMES*) que i'ay eu beaucoup de difficulté à me resoudre d'entreprendre cest ouurage, bien qu'il soit extrememement petit, le peu d'habitude que i'ay de traiter auec les personnes de vostre sexe & de vos qualitez m'eust esté vn assez puissant empeschement à ce dessein, n'eust esté que ie m'y suis senty comme

forcé interieurement par le ressentiment
que Dieu m'a donné de la perte de
de vos Ames, dont ie deplore tous les
iours l'aueuglement, & principalement
depuis que Dieu m'a fait connoistre qne
ce qui vous empesche de le seruir, & de
penser à vostre salut, ce n'est qu'vn
vain & friuole amusement qui est plus
dangereux que vous ne pensez pas.

Le Ieu donc, mes cheres Dames,
puisque c'est le plus ordinaire de vos entretiens & le plus grand obstacle
que vous ayez au salut; ce sera, s'il vous
plaist le suiet de ce liure, c'est vn suiet
bas en effet, & qui est indigne ce semble,
d'vne personne dont la conuersation
aussi bien que les pensees ne deuroient
estre que dans le ciel: Mais puisque vous
ne l'auez pas iusqu'icy iugé indigne, ny de
vous, ny de vos conuersations & entretiẽs,
permettez moy, s'il vous plaist, qu'il
soit maintenant le suiet de mon liure

que ie vous dedie à cet effet, m'eſtant
perſuadé qu'en traittāt d'vn ſuiet pour
lequel vous auez tant de paſſion, ce
ſera peut eſtre vn moyen dont Dieu
ſe ſeruira pour vous toucher le cœur,
& vous conuertir à luy, qui eſt le ſeul
but que ie me ſuis propoſé cōpoſant
cet ouurage.

Et en effet ce n'eſt point le deſir de
vous plaire, ny d'acquerir vos bonnes
graces, qui m'à fait entreprendre de
vous eſcrire, ſi mon deſſein (dit l'Apo-
ſtre) eſtoit de plaire aux hómes, ie ne
ſerois plus ſeruiteur de Ieſus Chriſt.
C'eſt pourquoy i'ay penſé qu'il eſtoit à
propos d'en euiter les moyens, m'eſtu-
diant autant qu'il m'eſt poſſible à vne
ſimplicité de langage, afin que rien ne
vous attire à la lecture de ce liuret que
le ſeul deſir d'en profiter & d'en de-
uenir meilleures.

Mais d'autant que ie preuoy deſia ce

me semble, que plusieurs de celles en fa-
neur de qui ces lignes ont esté tracees,
seront peut estre les premieres à s'en
scandaliser, treuuant mauuais que i'aye
escrit d'vne façon si particuliere côtre vn
vice où elles ont tât d'inclinatiõ, & si peu
de volõté de s'abstenir. I'ay à supplier
celles qui entendrõt le mespris que telles
personnes ferõt de cet escrit de ne point
s'en estonner, attendu que c'est vne
chose comme naturelle à ceux qui ont
vn apostume en quelque endroit, de
crier aussi tost qu'on y touche. Mais il
ne faut pas pourtant que le prudent
& bien aduisé Chirurgien s'empesche
d'y toucher & d'y porter le coup de
lancette s'il peut. C'est ce qui a faict
que ie ne me suis point descouragé
d'escrire sur cette matiere, bien que
i'aye preueu que plusieurs ne s'empes-
cheront iamais de crier contre moy.

Allez, mes Dames, ie vous donne

neantmoins toute permiſſion de dire
contre moy auſſi bien que contre ceſt
eſcrit, tout ce qu'il vous plaira, moyennant que ce ſoit apres que vous vous
ſereZ donné la peine de le lire vous
meſmes , car ſi c'eſt ſur le rapport de
quelques perſonnes mal affectionnees à
la Religion , & ennemies des veritez
Chreſtiennes, l'ay toute ſorte de ſuiet de
n'attendre pour recompenſe que du
blaſme, que ie ne reiette pas neantmoins,
moyennant qu'il ne me ſoit donné que
par ceſte voye, eſtimant que ce n'eſt pas
vne petite gloire à vn ſeruiteur de Ieſus Chriſt, de n'auoir pour ennemis que
les ſeruiteurs du Diable.

Pour vous rendre plus facile la lecture de ce liuret, mes Dames, l'ay taſché
de deduire les raiſons que ie vous ay
apporté par articles differents, & non
point par Chapitres, afin de m'eſtudier
dauantage à la briefueté: Ayant conſi-

deré, que si cest ouurage estoit plus long,
ce vous seroit un pretexte pour ne le
point lire, & à moy vne occasion pour
me diuertir de m'employer aux pauures,
auec lesquels i'ay tousiours estimé qu'il y
a plus à gaigner qu'auec vous autres.

Ie ne sçay si ce n'est point vne vanité à moy de vous prier de lire cet escrit, neantmoins il me semble que ie ne
le fais point par ce principe, ie vous le
dis dans le zele que Dieu m'a donné
pour vos Ames, m'estant aduis que
peu de personnes ayant escrit sur cette
matiere dans les cas particuliers (pource
que la necessité n'c̃ a iamais esté telle) la lumiere que vous en receurez, estant plus
grande, vous fera mieux connoistre le
danger où vous estes.

Il n'est pas neantmoins que les Predicateurs & Confesseurs, ne vous en
ayent dit souuent plusieurs choses, mais
comme nous voyons par experience

que

que dans les lieux les plus obscurs comme sont les abysmes la lumiere s'y esteint
aussi tost, si elle n'y est extraordinaire-
ment grande : de mesme ay-ie tasché de
ramasser en ce present discours toutes
les lumieres & connoissances que vous
auez peu receuoir à plusieurs rencon-
tres sur ce suiet, afin qu'ayant toutes
ces lumieres deuant les yeux, vous n'a-
yez plus d'excuse, si vous ne vous reti-
rez de l'abysme où vous estes, vous autres particulierement qui vous addonnez au Ieu.

Ce n'est pourtant pas de moy, mes
cheres Dames, de qui vous deuez attendre cette lumiere, c'est de celuy que
nous apprenons par l'Escriture en estre
le Pere, addressez vous donc à luy ie
vous en prie, auparauant que de lire cet
escrit, & au cas que vous le fassiez, ie le
supplie de s'enuelopper luy mesme dans
mes paroles, afin que ce soit luy mesme

B

qui porte cette lumiere au milieu de
vos Ames, & vous ayant fait voir le
danger où vous estes, il vous donne la
main pour vous en retirer.

QVESTION
CHRESTIENNE,
TOVCHÁNT LE IEV;

En faueur des Dames de Paris.

Sçauoir, si vne personne addonnee au Ieu se peut sauuer ; & principalement les femmes.

IL FAVT que ie vous dise (MES CHERES DAMES) pour commencement de ce discours, ce qui a donné occasion à ceste question : il arriua qu'vn de ces iours passez dans la conuersation que i'eus auec vn de mes amis sur ce su-

jet. Il me fiſt le recit à ce propos
d'vn rencontre qu'il auoit eu vn
iour auparauant d'vn homme de
qualité, lequel l'ayant treuué fortui-
tement dans ſa maiſon, tenant quelque pieux diſcours à ſa femme du
ſoin qu'on doit auoir de ſes ſeruiteurs. Apres l'auoir eſcouté quelque
temps , teſmoignant y prendre du
plaiſir & d'en vouloir meſme faire
ſon profit, il luy propoſa vne queſtion, dont il luy dit, qu'il ſeroit bien
ayſe d'auoir la reſolution en preſen-
ce de ſa femme, pour ce que luy, auſſi
bien qu'elle eſtoient intereſſez au ſuiet de ſon doute.

La queſtion donc qu'il luy propoſa fut telle, ſçauoir, ſi vne femme qui
ſe leue tous les iours à dix heures,
qui eſt deux heures à s'habiller, qui
part tous les iours de ſa maiſon a-
pres midy ſonné pour aller à la

Messe, n'en treuuant point à com-
modité gage vn Prestre exprez pour
luy en dire vne affin de satisfaire à sa
deuotion, au retour de là se met à ta-
ble, où elle ne mange que des vian-
des les pl°delicates, doù elle n'est pas
si tost sortie que voila force monde
qui la vient voir, ou pour ioüer chez
elle, ou pour la prendre pour aller
ioüer autrepart; durant tout ce ieu
l'on ne parle que de rire, que de bien
collationner par apres, pour ne se
retirer de là que pour s'aller mettre
au lit, faisant neantmoins quelque
petite priere auparauant ou par
apres, Si vne telle personne en vn
mot ce peut sauuer en viuant de la
sorte.

Ce mien amy me raconta qu'a-
yant ouy parler ce mary de la sorte
en presence de sa femme, il fust fort
aise d'auoir vne si belle question à

resoudre, & bien qu'il aye peu d'estu-
de pour auoir employé la plus part
de sa vie aux armes, qu'il ne se trou-
ua point empesché d'y respondre
sur le champ.

Il luy respondit donc, m'asseura t'il
en ceste sorte : Monsieur ie ne sçay
pas si les femmes de Paris ont quelqu'vn qui leur enseigne vne telle doctrine, ie ne le pense pas, mais pour
moy sçay ie bien que les maximes de
l'Euangile y sont toutes contraires,
qui ne publient que ceux là bienheureux qui pleurent, qui souffrent, qui
font penitence, qui vsent de miseri-
corde, qui crucifient leur chair, qui
renoncent à eux mesmes qui portent
leur croix, qui suiuent le fils de Dieu:
& en vn mot viuent cóme il a vescu
dans l'exercice des vertus que nous
appellons Chrestiennes. Viure com-
ne vous dites, Monsieur, c'est viure

selô la chair & le sang, l'on ne se peut
pas sauuer en viuant de la sorte ; autrement les maximes de l'Euangile
sont fausses.

Apres auoir entédu ce mien amy,
mes cheres Dames, aurez vous pour
agreable que ie vous dise mes petits
sentimens sur la question proposee,
ie le feray en peu de mots, ainsi comme ie vous ay promis, mais ie vous
demande vne attention toute particuliere.

Il y a longtemps, certes que ie me-
dite sur ce suiet & eusse bien voulu
treuuer des raisons pour me persua-
der aussi bien qu'à vous que vous
estes en la voye de salut, car ie trouue vostre façon de viure excellente,
vous ne parlez que de rire, que de
ioüer, que de passer le temps, vous
ne craignez ny les tentations, bien
que vous soyez continuellement

parmy les hommes , ny la pauureté bien que vous ioüiez les pistoles à douzaines, ny l'orgueil & la vanité, bien que vous soyez superbement vestuës , ny le desreiglement en paroles , bien que vous disiez tout ce qui vous viét en pésee, ny les moindres atteintes contre la chasteté , car vous estes toutes pures ayant la gorge toute descouuerte au milieu des Bals, des Comedies , & des festins, escoutant, regardant & voyant tout ce qui se presente à vos yeux ou à vos oreilles , ne plus ne moins que si vous n'auiez plus de corps.

Sans mentir ceste façon de viure est excellente, comme ie vous disois. mais neantmoins apres auoir faict beaucoup de reflexion dessus, ie ne pense point qu'elle soit Chrestienne, & qu'on se puisse sauuer sans

mi-

miracle, viuant d'vne telle façõ. Car autrement nous auons tort de prescher, qu'on ne va point en Paradis que par la Croix, car vous auez trouué vn autre moyen d'y aller, dont tous les Saincts ne se sont point aduisez.

Si cela estoit, mes cheres Dames, que vous peussiez vous sauuer si aysement que vous pensez menât vne telle vie, ce seroit acte de charité, ce me semble, de retirer les Carmelites & autres Religieuses hors de leur Cloistre pour les mener auec vous autres, car vous trouuez parmy les ieux, les banquets, les promenades & compagnie des hommes les plus muguets, ce qu'elles ont peine de trouuer parmy les Anges, auec leurs pleurs, leurs cilices, leurs ieusnes, leurs prieres, leur retraicte, & toute sorte de penitence.

C

Ie ne ſçay point qui vous a dit que c'eſtoit la le chemin du Paradis, mais pour moy quand vn Ange deſcendroit expreſſement du ciel pour m'en aſſeurer ie ne le croirois pas.

Noſtre Seigneur nous ayant aſſeuré que le chemin du Paradis eſt eſtroit, ie ne ſçay pas qui vous a pû mettre en l'eſprit que le chemin en ſoit ſi large commevous vous le faictes, le temps ne peut point auoir eſlargy le chemin, car l'eternité toute entiere ne le peut pas faire, puis que nous auons aſſeurance *que le ciel & la terre changeront, mais que ſes paroles ne changeront iamais.*

En vn mot, mes Dames, ſouuenez vous qu'on ne va point en Paradis par le chemin de l'enfer, qui eſt vn chemin large & ſpacieux, au dire meſme de noſtre Seigneur: quiconque pretendvous conduire par ceſte voye, qu'il craigne luy mefme de tomber dans ce precipice.

Auffi ne penfe-ie point qu'Il y aye perfonne qui vous conduife par ce chemin que vous mefme, vous auez des Directeurs en effect, mais ils ne vous connoiffent point, ils ne fçauét point la vie que vous menez, vous les voyez vne fois en vn mois, encore eft ce auec la plus grande preffe du móde, vous n'auez iamais hafte que quand il eft queftion de vous confeffer, encore faut il que tout le monde vous cede la place, car autrement vous entrez dans des impatiences & des murmures. Eftes vous aux pieds d'vn Confeffeur où il vous tarde que vous n'en foyez dehors, ou fi vous y demeurez long temps c'eft pour leur dire mille cho-fes dont ils n'ont que faire, s'ils vous péfent interrompre en vos difcours

ce seront de mauuais Confesseurs à
voftre gré s'ils vous font la moindre
reprimende vous ny retournerez iamais, auffi bien que s'ils vous demã-
dent ou le nombre de vos pechez ou
les circonftances d'iceux.

Aduifez, mesDames, fi ie n'ay pas rai-
fon de vous dire que vos Côfeffeurs
ne vo⁹ connoiffent point, vous péfez
leur auoir dit tout vos pecliez quãd
vous vous eftes accufeés peut eftre
deuant eux de quelques petites di-
ftractions en vos prieres, de n'auoir
pas fi bien fait voftre examen de cô-
fcience que vous deuiez, d'auoir eu
quelque petit mouuemét de colere,
d'auoir dict quelque petite parole
oyfeufe, menfongere, ou de mefdi-
fance, pluftoft par mefgarde qu'autrement, d'auoir eu quelque petite
penfee de vaine gloire ou complai-
fance, pour voftre beauté, pour vos

habits,ou pour vos richeſſes , auſ-
quelles n'auourez pas meſme auoir
conſenty. Apres auoir dit toutes ces
choſes vous penſez eſtre nette de
tout peché, & vos Confeſſeurs qui
ne vous connoiſſent point que par
ce que vous leur dite,péſent devous
que vous eſtes des ſainctes,& en effect vous le ſeriez ſi vous n'auiez
point d'autres pechez. C'eſt pourquoy ils vous diſent peut eſtre que
vous eſtes au chemin du Paradis.

Mais nous autres qui ſommes
dans le monde, qui voyons comme
vous vous comportez, nous ſçauós
que ce ne ſont point là tous vos pechez. C'eſt pourquoy nous vous di-
ſons hardiment que vous ne vous
pouuez point ſauuer ſi vous ne
changez de vie.

Mais comment me direz vous, *y a*
t'il tant de mal à iouer & à paſſer le těps

comme nous faisons ? il semble à vous entendre dire que nous soyons les plus perdues & les plus abandounees du monde.

A Dieu ne plaise, mes cheres Dames, que i'aye de telles pensees de vous, ie vous honnore toutes cóme personnes de qualité, & pour cela ie sçay que vous aymez plus l'honneur que voltre propre vie. Ie n'en veux point à voltre honneur, ie n'en veux qu'à voltre ieu, c'est pour cela ie vous demande permission de le combatre par les articles suiuans.

PREMIER ARTICLE.

IL faut que vous aduouiez, mes cheres Dames, & vous autres qui vous addonnez au ieu, que depuis le temps qu'il y a que vous vous laissez emporter à ceste passion, que vous auez eu mille diſtractions en vos prieres, dont la pluſpart ont eſté cau-ſees par ceſte maudite paſſion, qui vous a dit que telles penſees n'ont point eſté volótaires, puis quevous y auez donné occaſion? Et au casqu'el-les ayent eſté volontaires, qui vous a aſſeuré qu'elles n'ont point eſté iuſ-ques au peché mortel ? Il n'y a que Dieu ſeul qui en connoiſſe la verité. C'eſt pourquoy vous auez iuſte ſuiet de craindre que toutes ces prieres ne vo⁹ tourne à peché cóme parle l'Eſ-criture, & quevous n'ayez deſia mille fois encouru la malediction de ce peuple, dont noſtre Seigneur diſoit, *Qu'il l'honoroit du bout des leures, mais que ſon cœur eſtoit bien eſloigné de luy.*

II. ARTICLE.

QVe ſi vous auez quelque ſuiet de craindre pour vos prieres, qu'elle apprehenſion ne deuez vous point auoir pour toutes les Meſſes que vous auez entendues depuis que vous faictes profeſſion du ieu? C'eſt pour l'ordinaire dans les Egliſes où les parties ſe noüent, vous vous y entretenez ſouuent de vos gains ou de vos pertes, à deſſein meſme d'en tirer vanité: quelles diſpoſitiõs pour entendre des Meſſes? ſans mentir il vaudroit mieux que vous fuſſiez à vos maiſons, vous n'offenceriez pas tant Dieu, car au moins vous ne commettriez point de ſacrileges, & ne ſeriez vous point cauſe de ſcãdale.

III. ARTICLE.

VOus n'ignorez pas l'obligation que nous auons de ſanctifier les Feſtes, mais vous ny penſez guere ; car n'eſt il pas veritable que

vous

vous ne faictes point de distinction
de iours, les plus religieuses d'entre
vous sont celles qui s'en abstiennét
le iour de la Communion , encore
faut il que ce soit à vne bonne Feste,
car pour vn simple Dimanche bien
qu'on aye communié, il y en a peu
maintenant qui en fassent conscience. Vous profanez les festes cependant, & qui plus est, le sainct Sacrement de l'Autel, & vous ne pensez
point offencer. Ie ne sçay pas qui voꝰ
enseigne vne telle doctrine , mais à
tout le moins sçay-ie bien que san-
ctifier vne feste n'est point à dire
iouer toute vne apresdisnee, & qu'vn
iour de Communion n'est point
fait pour badiner & pour offencer
Dieu, il est fait pour le prier.

IV. ARTICLE.

PVis que nous sommes sur le suiet
des Festes, ie vous demanderois
volontiers combien vous pensez bié
auoir entédu de Vespres depuis que
vous vous addonnez au ieu. Ie sçay
à peu pres ce que vous auez en pésee,
qu'il n'y a point de peché mortel, ouy bien, mais peut estre ne sçauez vous pas qu'il y en peut auoir vn
tres grand à les mespriser comme
vous faictes, si pendant qu'on les dit
vous estiez dans les prisons, dans les
hospitaux, ou autres emplois de charité ie ny treuuerois rien à dire, bien
que vous ne les entendissiez pas: mais
que vous soyez cependant dans vos
maisons à iouer au sceu de tout le
voisinage, c'est ce qui ne peut
estre sans scandale, Aussi voyons

mous que le simple peuple se débau-
che à voftre exemple. Craignez mes
Dames que ce que vous auez penfé
iufqu'icy eftre le moindre de vos pechez ne foit peut eftre le plus grand
deuant Dieu.

V.　ARTICLE.

IE ne fçay fi ie vous oferois parler
des Predicatiós ou vous n'affiftez
pas tandis que vous ioüez , ouy, car
ie penfe qu'il eft neceffaire que vous
fçachiez cefte verité que peut eftre
voftre falut depend d'vne Predica-
tion qui fe fera dans voftre Paroiffe
ou autre lieu proche de chez vous,
tandis que vous ioüez. Ie n'ay rien à
vous dire dauátage fur cet article finó que le mépris de la parole de Dieu
n'eft pas vn fi petit peché que vous
penfez.　Craignez qu'au iugement
dernier il ne vous foit reproché qu'é

ioüant tandis qu on presche vous
n'ayez mesprisé Dieu.

VI. ARTICLE.

IE ne sçay si vous estes fort liberales
aux pauures, mais à tout le moins
sçay-ie bien que l'argent que vous
perdez au ieu vous ne leur donnez
pas & que sans vostre ieu vous pouriez encore faire milles aumosnes
que vous ne faites pas : cela supposé
mes Dames, souuenez vous que les
pistoles que vous iouez c'est aux
pauures à qui vous les rauissez; Craignez apres cela que vostre ieu ne soit
la cause de la nudité des pauures, de
la faim que no⁹ voyós qu'ils souffrét,
des maledictions qu'ils proferét, des
insoléces qu'ils font, des blasphemes
qu'ils vomissent, aussi bien que des
rages & des desespoirs ou ils entrent

à tous moments, pource que vous ne
leur fubuenez point le pouuant faire neátmoins, mefme auec facilité en
vous retranchant du ieu.

VII. ARTICLE.

I'Apprehéde, mes Dames, de vous
dire en cet article les maux que
vous pouuez commettre à l'endroit
de vos enfans en fuite de vos ieux, ie
fouhaiterois pour uous que vous
n'en euffiez point, au moins ne feriés
vous pas coupables de la perte de ces
pauures petites ames qui s'efleuerót
fans doute contre vous au iour du
iugement. Car de deux chofes l'une,
ou vous les abandonnez tandis que
vous ioüez, particulieremét vos filles, ou fi vous les menez auec vous,
helas mon Dieu! quel exemple uous
leur donnez: en les abandonnant, de

quels pechez ne font ils point capable? s'ils viënent à en commettre n'é
penfez uous point eftre refponfables
deuát Dieu? ie ne fçay pas pour moy
qui vous en pouroit exépter, nó plus
que de la malediction couchee dans
l'Efcriture contre ceux qui fcandali-
fent les petits, dont les Anges, au dire
mefme de noftre Seigneur, *voyent*
continuellement la face du Pere celefte.

VIII. ARTICLE.

SI voftre icu, mes Dames, ne faifoit
tort qu'à vos enfans, bié que cela
me foit extremement fenfible, ie
trouuerois quelque forte de fuiet de
me confoler en ce que i'aprends par
l'Efcriture , qu'il eft expediét quelquefois que les enfás portét *la punitió*
des pechez de leur pere, pour nous faire
mieux connoiftre les rigueurs de la

iuſtice de Dieu que nous n'aprehen-
dons pas aſſez.   Mais de dire (ce qui
eſt veritable neantmoins) que les ef-
fets funeſtes de vos ieux paſſent iuſ-
ques à vos ſeruiteurs dont vous ne-
gligez le ſalut pédāt que vous ioüez,
ne ſongeant pas que le diable ioüe
ſon ieu cependant, car pour peu de
diſpoſition qu il trouue en eux au
vice il les y fait conſentir tandis que
vous perdez ainſi le temps : Et c'eſt
pour cela que ie ne ſçay point ſi Dieu
ne vous imputera point quelque
iour les paroles deshonneſtes de vos
Laquais, les yurógneries de vos Co-
chers, les amours impudiques de vos
ſeruantes, & principalement tels ou
ſemblables pechez qu'ils pouront
auoir cómis tandis que vous ioüez:
Pour ce qu'en effect vous eſtes en
quelque façon cauſe de tous ces de-
ſordres, le diable leur mettant en l'eſ-

prit qu'il faut qu'ils passêt ainsi leur temps, puisque vous passez bien le voftre.

IX. ARTICLE.

VOus diray-ie, mes Dames, vne chose qui m'a encore plus sensi-blement touché que tout cela au su-iet de voftre ieu, c'est qu'en faisant voyage en plusieurs lieux de la Fráce ie me suis apperceu depuis peu, que le mauuais exemple de voftre ieu est tellement public maintenant, qu'il n'y a plus si petite bicoque où tou-tes les femmes & filles n'en veulent faire comme vous, n'ayant point de motif plus puissant pour les porter à ce vice aussi bien que pour les y retenir que ce qu'elles ont ouy dire que le practiquez ainsi. Ie ne sçay si vous auez ouy dire sur ce suiet vne chose qui s'enseigne en Theologie,

que

que ce qui de soy n'est que peché veniel,
estant accompagné de scandale devient
mortel. Que sera-ce dōc mes Dames,
d'vne action dont toute la France est
scandalisee, & qui peut estre est desia
cause de la perte d'vne infinité de
personnes?

X.   ARTICLE.

IL n'est pas, mes Dames, que vous
n'ayez autrefois ouy dire qu'entre
toutes les aliances & vnions qui sont
icy bas en terre , il n'y en a point de
plus saincte , de plus estroite, ny de
plus parfaite que celle qui se fait par
le Sacrement de mariage. C'est elle
qui est l'image de l'vnion que les
bienheureux ont auec Dieu , aussi
bien que de celle que l'humanité
saincte de nostre Seigneur a auec le
verbe eternel. De ceste creance mes

Dames, ie tire ceste consequence,
que tout ce qui met de la diuision
dans ceste vnion si saincte ne peut
estre que tres meschant, Or il est cer-
tain & l'experience le fait voir tous
les iours que vos ieux mettent souuent de la diuision entre vous & vos
maris, de cela ie n'é veux autre preu-
ue que vos propres consciences qui
tesmoigneront tousiours que de cét
noises que vous auez pû auoir par
ensemble plus de soixante seront
procedees du ieu.

XI. ARTICLE.

APres cela mes Dames, si faut il
que ie vous dise vn malheur
qui procede de vos ieux auquel vous
n'auez iamais pensé. Combien vos
ieux sont ils occasion aux veufues de
viure autrement que l'Apostre sainct

Paul ne leur preſcrit? *Il veut qu'elles
s'addonnent aux prieres,* & c'eſt vous
autres qui les diuertiſſez. *Il veut qu'elles viuent retirées dans leurs maiſons,* &
c'eſt vous autres ou qui les forcez
d'é ſortir, ou qui leur menez iuſques
chez elles les cópagnies les plus mó-
daines, qui donnét occaſió au móde
d'en mal parler, *Il veut en fin quelles ne
viuent point en delices, autrement* dit il,
elles ſont mortes. C'eſt donc vous autres qui les tuez.

chap. 5. de la
1. à Thimo-
thee.

XII. ARTICLE.

IE ne ſçay mes Dames, ſi vous ne
treuuerez point mauuais que ie
vous diſe en ce preſent article vne
miéne péſee au ſuiet de voſtre ieu, l'o-
pinió que i'ay de voſtre chaſteté eſt ſi
gráde que ie me perſuade que vous
ne ſçauriez ny lire, ny ouyr parler de

chofe contraire à cefte vertu que vo⁹
ne rougifliez. C'eft pourquoy i'ay
crainte, fans mentir, de vous dire icy
ma penfee, neantmoins confiderant
d'autre part que quand la chafteté
eft parfaite, elle ne s'offence iamais
d'aucune chofe qu'on luy puiffe dire
pour fe conferuer, pourueu que ce
foit en termes honneftes, vous difant
ma penfee en ces termes, ie croy n'a-
uoir plus de fuiet de craindre. Et c'eft
pour cela que ie vous diray, s'il vous
plaift, que nous nous eftonnós tous
comment vous ne faites point tous
les iours mille fautes contre cefte
vertu, iouant continuellement auec
des hommes, quelquefois feul à feul,
la gorge toute defcouuerte , ayant
toufiours les yeux fichez fur vous,
difant à tous propos milles chofes
attrayantes au peché, fe laiffant mefme gáigner pour vous perdre. Ie ne

sçay point qu'elles sont vos pensées
durant ce temps là , mais ie ne croy
point quelles soient deDieu.Ha mes
Dames,que toutes ces occasions sót
dangereuses quelque mine quevous
fassiez,vous n'estes point innocétes
deuant Dieu, c'est pecher contre la
chasteté seulement que de s'exposer
en tous ces dangers.

XIII. ARTICLE.

VOus plaist il,mes Dames,que ie
vous fasse voir vn autre incon-
uenient qui arriue de vos ieux oú
vous ne pensez guere, n'est il pas veritable que vous ne penseriez point
auoir ioué si vous n'auiez collatióné
en suite, ie ne treuuerois rié à redire à
cela,neantmoins,n'estoit que ie sçais
que ces collations ne sont point ste-
rilles,car ce sont elles qui produisent

mille festins qu'on vous fait en suite
en autant de lieux differents, où i'e-
stime pour moy qu'il y a tousiours
danger pourvous de vous y trouuer,
car outre la profusió qui s'y fait dót
vous estes coupables en y participát,
vous n'ignorez pas pour l'ordinaire que l'intétion de ceux qui la font
ne soit tousiours mauuaise, car si ce
n'est à vous qu'ils en veulent c'est à
quelqu'vne de vostre compagnie,
faictes tant les ignorantes que vous
voudrez, Ie m'asseure que si vous me
voulez dire la verité vous m'auourez
que tout cela n'est qu'amorce à l'im-
pudicité. Et partant craignez que
Dieu ne vous impute quelque io ur
ce peché. La maxime de S. Paul estát
tres veritable, *que non seulement ceux
qui font le peché, mais aussi ceux qui y
consentent en sont coupables.*

XIV. ARTICLE.

APres vous auoir fait voir, mes Dames, que la fin de voſtre ieu ne vaut rien, vous plaiſt il que ie vous faſſe voir que le commécemét en eſt encore pl⁹mauuais. *S.*Chriſoſtome a dict vne parole que vous n'auez peut eſtre iamais encore entendue: *Ce n'eſt point Dieu,*dit il , *qui incite perſone au ieu c'eſt le diable*, il ſe ſert de pluſieurs moyens pour ce faire, mais pour vous autres mes Dames, il ſe ſert ce me ſemble d'orgueil, d'auarice & de pareſſe, l'orgueil fait que vous voulez touſiours ioüer gros ieu au preiudice non ſeulemét des pauures, mais auſſi de voſtre famille. L'auari-ce que vous voulez touſiours gai-gner au preiudice non ſeulement de voſtre prochain, mais ſouuent meſ-

homelie 63.

me de voſtre conſcience. La pareſſe
que vous voulez touſiours côtinuer
à viure de la ſorte, vn ſeul de ces pechez eſt capable de vous damner, &
partant ie conclus mes Dames, apres
auoir conſideré toutes ces choſes
deuant Dieu, apres les auoir peſees &
examinees les vnes apres les autres,
apres meſme en auoir pris aduis de
pluſieurs plus capables que moy,
que ſi vous ne quitez ce ieu maudit
& malheureux qui eſt cauſe que la
plus part de vos prieres ſont abomi-
nables deuant Dieu, qui vous fait
faire des ſacrileges, qui vous empeſ-
che de celebrer les feſtes comme il
faut, qui vous fait profaner les iours
de la Communion, qui vous faict
eſtre occaſion de ſcandale à vos enfans, à vos ſeruiteurs, à vos voiſins, à
toutes les femmes & filles de la Frãce, & peut eſtre à tout le monde, qui
vous

vous met dans les occaſions manife-
ſtes de peché, qui vous fait participer
à ceux des autres, qui vous met dans
vne liberté peu ſeáte à voſtre ſexe, à
vos qualitez, & particulierement à la
profeſſion que vous faictes d'eſtre
Chreſtiennes , qui vous fait en fin
mener vne vie toute contraire aux
maximes de l'Euangile. Que ſi vous
ne quittez ce ieu vous vous damnez,
& il n'y a point de Paradis pour
vous, autrement toutes ces veritez
ſont fauſſes.

XV. ARTICLE.

EN fin mes Dames, ce qui m'o-
blige encore à cóclure de la ſorte c'eſt ce que i'ay appris depuis peu,
que les loix diuines & humaines vo⁹
condamnent en cela. Touchant les
loix humaines , i'ay honte de vous

dire vne chose que voſtre ſexe de-
uroit ignorer s'il eſtoit dans ſon in-
nocence, mais puis qu'il eſt dans vne
telle corruption, ie penſe qu'il faut
quevous le ſçachiez. Les loix humaines nous aſſeurent que iamais l'on
n'a encore aſſez ſeuerement puny
ceux qui ioüent, & que la marque la
plus aſſeuree que nous ayons de la
corruption du ſiecle c'eſt que non-
obſtant toutes les defenſes & puni-
tions qu'on en a faictes, l'on ne laiſſe
point de ioüer, ſi ce n'eſt en public
c'eſt en particulier, qu'euſſent dit
ceux qui ont fait ces loix ie vous en
prie, s'ils euſſent ſceu ce qui ſe paſſe
en noſtre ſiecle ? que les Dames les
plus qualifiees comme vous autres
n'ont plus d'autre exercice que celuy là.

XVI. ARTICLE.

POur ce qui est des loix diuines
i'ay pensé à propos que vous
sceussiez aussi que Dieu qui parle par
les Conciles a iugé le mal que vous
commettez en ioüant si grand, qu'il
nous a defendu à nous autres Eccle-
siastiques , de nous rendre iamais
spectateurs de personnes qui ioüent,
principalement à ces ieux que vous
nous voulez faire passer pour inno-
cés. Le mesme a inspiré quelquefois
les Saincts de commander aux Dames, comme vous, de leur apporter
les cartes iusques dans les Eglises, &
de les mettre au feu en presence de
tout le monde. D'autres y ayant fait
resistance ont esté punis sur le
champ.

*Senonens.
Consilÿ cap.
25. Clerici
abstineant
ne ludexʒiũ
fautores spe-
ctatores, aut
testes exi-
stant.*

*En la vie du
B. I. de Ca-
pistran de
l'ordre des
freres Mi-
neurs 25.
Octob. der.
Edit. de la
vie des
Saincts.*

Surius.

F ii

XVII. ARTICLE.

POur derniere conclusion il faut que ie vous dise encore vne cho-se qui m'a plus touché que tout le reste à conclure comme ie fais. C'est l'histoire que S. Cyrille raporte en vne Epistre à S. Augustin, où il luy dit, qu'vn sien neueu estant mort âgé seulement de dixhuict ans qu'il auoit esleué dés le berceau auec vn soin nompareil, en la crainte de Dieu & pieté Chrestiéne, nonobstant cela pour s'estre addonné au ieu durát sa vie, peu de temps apres sa mort il luy apparust en vne forme espou-uentable luy disant qu'il estoit dam-né, & cela non pour autre raison que pour son ieu. Aduisez mes Dames, si apres cela il y a esperance de salut pour vous autret, vous vous fiez sur ce qu'on vous a dit qu'il n'y a point de peché mortel , souuenez vous

que Dieu ne damne perſonne pour
des pechez veniels, mais qu'il prend
ſouuent occaſion neantmoins de
nous abandonner (comme on en-
ſeigne en Theologie) d'vn peché
veniel commis trop volontairemét:
Et c'eſt pour cela que la damnation
luy eſt ſouuent attribuee:Ioint auſſi
que le ieu practiqué comme vous
faictes,n'eſt point en effet vn peché,
ny mortel, ny veniel, mais s'en eſt
vne infinité tant à raiſon des circon-
ſtances que de toutes les conſequences que i'ay taſché de vous deduire
en ce preſent diſcours.

Dieu veuille mes Dames,que toutes ces conſiderations faſſent l'im-
preſſion ſur vos eſprits que ie deſire,
c'eſt la ſatisfaction que i'en eſpere,
m'oſant promettre qu'ayant leu ceſt
eſcrit auec attention & ſans aucune
paſſion, ce ne ſera point moy qui

concluray de la façon ; ce fera vous autres, car vous auez trop d'efprit, pour ne point penetrer des raifons qui font fi claires, trop de crainte de Dieu, pour n'auoir point peur de l'offencer à l'aduenir, auffi bien que trop d'amour pour vous mefmes, pour n'auoir point peur de vous damner.

Ouurez dõc maintenãt les yeux ie vous en prie pour voir le danger où vous eftes, beniffez Dieu quand & quand qui m'a infpiré de vous dire fi franchemẽt ces veritez, fans vous en celer aucune, refoluez vous en fin pour vne bonne fois de quitter ce precipice malheureux oû l'õ ne peut faire fon falut.

Ie vous prierois volõtiers de ietter les yeux fur la féme de Loth, n'eftoit que i'aurois peur qu'en vous en pro-pofant l'exéple fortãt hors de la ville

de Sodome, Auſſi toſt qu’elle euſt
entédu l’Ange, vous ne la vouluſſiez
imiter en ce qu’apres ceſte ſortie elle
n’euſt pas aſſez de reſolution pour
s’épeſcher de regarder derriere elle,
teſmoignát par là encore quelque af
fection à ceſte ville malheureuſe, Et
c’eſt pour cela qu’elle ne peuſt euiter
la punition de Dieu, que vous encou-
reriez peut eſtre dés ce monde, ſi a-
pres m’auoir entendu vous auiez encore quelque affection pour le ieu.

I’ayme mieux mes Dames, vous
propoſer l’exéple de la Samaritaine,
laquelle ayant ouy noſtre Seigneur,
laiſſa ſa cruche pour aller publier par
tout qu’elle auoit entendu vn hóme
qui luy auoit dit tout ce qu’elle auoit
fait, & qu’il faloit que cet hóme fuſt
Dieu.

C’eſt le ſentiment dans lequel ie
deſire vous laiſſer de ceſt eſcrit, que
c’eſt Dieu qui vous parle par iceluy,

& non point moy qui ne suis qu'vn
pauure pecheur , qui suis peut estre
en plus grand danger que vous.

Imitez donc mes Dames, ie vous
en coniure, ceste pauure Samaritaine
laissant la cruche, ie veux dire tous ces
ieux aux pieds de celuy qui vous parle maintenát au plus profond de vostre cœur, publiez par tout les veritez
que vous auez apprises de luy, afin
que si par le passé vous auez esté de
mauuais exemple dedans le monde,
vous seruiez maintenant de bonne
edification à vn chacun. C'est la priere que ie fais à nostre Seigneur, du-
quel i'implore derechef la misericor-
de, afin qu'il donne sa saincte bene-
dictió à cest ouurage, & qu'é le lisant
vous puissiez participer à celle que ie
vous souhaite , renonçant dès aussi
tost au ieu, & autres affections mondaines pour vous donner entieremét
à Dieu.   RES-

RESPONSE AVX

Obiections des Dames, touchant la resolution de la susdite question.

IL me semble, mes Dames, que i'en
entend desia plusieurs d'entre
vous qui me font milles obiections
au suiet de la susdite resolution, les
vnes me diront peut estre que ie suis
trop rigoureux. Les autres m'auou-
ront franchement que i'ay eu raison
de parler de la sorte, se trouuant con-
uaincues de la force de ces raisons
qui n'ont autre fondement que la
verité, autre reigle que l'Escriture,
autre rethorique que la simplicité,
autre demóstration que ce que no^9
voyons tous les iours, & qui ne veut
point d'autre iuge que la conscience
d'vn chacun.

Ie ne suis pas en resolutió neantmoins mes Dames, de respondre à

toutes les obiections que vous me
pouriez faire à l'écontre de cet escrit.
Vous auez l'esprit si subtil que qui
pretend satisfaire à tous vos doutes,
se met dans vn danger manifeste de
se rendre inutile à tout autre chose.

Mon dessein est de satisfaire seulement aux obiections de celles qui
ayant leu cet escrit se sentiront tou-
chées de quelque sainct desir de quiter le ieu, & autres affections mondaines pour se donner entierement
à Dieu.

PREMIERE OBIECTION.

Les obiections les plus commu-
nes qu'on me peut faire ce me
semble sur ce suiet, c'est de me dire
premierement *qu'on en a la volonté,
mais qu'on n'en sçait pas les moyens,
& mesme que ie n'en donne aucun.*

A cela mes Dames, ie vous refpó-
dray en deux mots que ie ne me fuis
pas beaucoup mis en peine en effect
de vous donner des moyens de vous
retirer du ieu, m'eftant perfuadé que
fi vous en auez la volonté c'eft la
principale piece. Car au refte vous
auez des Directeurs aufquels fi vous
declarez ce deffein, ie m'affeure qu'ils
ne máquerót ny de charité ny de pru-
dence pour vous donner les moyens
conformes à vos neceffitez, & mieux
que ie ne pourois pas faire, ioint
que vous auez des efprits fi inuétifs
pour les affaires du monde, feroit il
bien poffible que vous en máquaf-
fiez pour vne affaire qui vous eft fi
importante, & ou il va de voftre falut? fi ce n'eft peut eftre que la maxime de l'Euangile n'aye lieu en vous
autres, *que les enfans du fiecle font plus*
prudens en leur generation que les enfãs
de lu miere.   G ij

Et c'est pour cela seulement que
vous me permettrez devous donner
ce petit mot d'aduis , qui est que si
vous auez à declarer ce dessein à vos
Directeurs, il faut que ce soit en Cô-
fession, & non pas en conuersation,
& par maniere d'entretié : Car pour
l'ordinaire les personnes de qualité
comme vous autres, n'ont point assez d'humilité pour receuoir les aduis d'vn Directeur hors de la Confession, l'on leur fait mille repliques,
& souuent par vanité, pour môstrer
la beauté de son esprit : d'autrefois
auec des sousris impertinents qui ne
ressentent en rien , ny le respect, ny
la modestie d'vne Ame penitente, en
presence d'vn Directeur qui tient
toûsiours la place de Dieu.   Si vous
auez dôc à declarer ce dessein, Au nô
de Dieu que ce soit en Confession,
vous experimenterez, comme i'espe-

pere, que vos Directeurs auront plus de liberté de vous donner les aduis qui vous sont necessaires , vous plus d'humiliré pour les receuoir , aussi bien que de grace pour les practiquer.

II.   OBIECTION.

IL me semble que d'autres me disent pour vne seconde obiection, que quand elles auroient pris tous les aduis de tous les Directeurs ensemble qu'elles ne s'ēpescheroiēt iamais de retourner au ieu, attendu que maintenāt pourviure dedans le monde il faut ioüer, autremēt l'on est la mal venuë partout, l'on vous ferme la porte, & l'on vous dict qu'il n'y a personne au logis.   Deuant que de respondre à ceste obiectió, mes Dames, ie vous demanderois volontiers du temps pour y penser ; car en effet ie voy bien que c'est là le neud de vostre difficulté. C'est pourquoy ie ne sçay s'il ne seroit point à propos de vous dire tout d'vn coup que pour bien faire il faut renoncer à toutes ces compagnies, suiuant les maximes de l'Euangile, qui nous disent: *Que si la main, le pied, ou l'œil nous scandalise qu'il les faut couper ou arracher. Et quiconque n'est prest de renoncer à pere, mere, frere, mary, sœur, parent & amy, qui nous empesche de seruir Dieu, n'est pas digne de suiure Iesus Christ.*

Mais d'autant que vous vous plaignez desia de ma rigueur en autre chose, i'ay de l'apprehensió, certes de vous donner vn tel aduis crainte que vous ne le suiuiez pas, Aurez vous pour agreable que ie vous en donne vn autre plus conforme à vostre humeur, puis que vous aymez tant les cōpagnies : Allez y au nom de Dieu, mais que ce soit pour y faire la declaration publique que vo⁹ auez maintenant le ieu à contre cœur , qu'il vous desplaist, que c'est vne passion d'enfant, de personnes melancholiques, l'exercice de gens oisifs, l'entretien de personnes nyaises, & qui n'ōt pas l'esprit de s'entretenir d ailleurs, que vos Laquais mesme n'ont plus d'autre diuertissemét , que c'est pour cela que vous le mesprisez si fort, & n'en tenez plus de conte. Si vous auiez mesme assez de resolutió pour dire fráchemét le mot que vo⁹ ne voulez plus ioüer depuis que vo⁹ auez ouy dire que l'on ne le peut pas faire bonnement sans offécer Dieu, sans doute que Dieu vous sçauroit bien recompenser dautre part, nous ayant asseuré, *que ceux qui ne rougiront point de le confesser deuant les*

hommes, qu'il ne rougira point de les
confesser deuant son Pere celeste.

Au reste, mes Dames, ie veux bien
que vous sçachiez aussi que le mal
que vous dites estre si commun n'est
point encore si public, graces à Dieu,
que vous vous persuadez.   Il y en a
plusieurs dans la Cour & dans toutes vos conditions que vous sçauez
aussi bien que moy, n'auoir iamais
fleschy le genouil deuant ceste idole.
Ce sont des ames que Dieu s'est
peut estre reserué expressemét pour
vous sauuer si vous auez recours à elles. C'est pourquoy si i'auois quelque aduis important à vous donner
pour vous retirer bien tost du ieu,
ce seroit de contracter vne alliance
toute particuliere auec ces ames, que
les autres vous ferment dóc la porte
quand elles voudront, ie vous donne asseurance que celles là vous ou-
uriront

uriront toufiours la leur.

III. OBIECTION.

APres auoir refpondu à ces deux obieĉtions, mes Dames, il mo semble que i'en entendsvne troifief-me qui me diĉt , *mais ne vaut il pas mieux ioüer que de mal parler de fon prochain ou de pis faire* ? A cela mes Dames , ie refponds, premiere-ment que tant s'en faut que le ieu vous empefche de mefdire , qu'au contraire ce vous eft, peut eftre, vn des plus puiffant attraits que vous ayez à ce peché, auffi bien comme à tous les autres: & en effet ie m'affeu-re que fi vous voulez dire la verité vous m'auourez que nonobftant vos ieux vous ne laiflez point de per-feuerer en ce peché, & peut eftre da-uantage que vous ne faifiez aupara-uant. Secondement, c'eft que fi vous

H

auez enuie en effect de bannir la
médisance de vos entretiens & compagnies (qui est vn louable dessein)
vos Directeurs & tous les liures spi-
rituels vous fourniront mille autres
moyens que celuy là, dont pas vn ne
sera si dangereux. Troisiesmement
c'est qu'il n'est point si difficile de
s'empescher de mesdire du prochain comme vous vous imagi-
nez , vne ame qui a tant soit
peu de charité ne tombe iamais en ce
peché. Frequentez seulement ceux
qui en ont, & non point des ioueurs,
& vous ny tomberez iamais.

IV. OBIECTION.

CE que vous me pouuez dire
apres cela, mes Dames, c'est de
me demáder, *A quoy passeront nous
dõc maintenant le tẽps si nous ne iouons
plus?* Acela certes ie ne me trouue pas

beaucoup empefché de vous refpô-
dre. Car eftant Chreftiennes comme
vous eftes, vous n'ignorez pas qu'il
y a des iours en la femaine, comme
les Feftes & les Dimanches, oú l'E-
glife vous propofe affez de moyens
de bien employer le temps, fans vous
amufer au ieu. Au retour de l'Eglife
eftant meres de plufieurs enfans, ne
penfez vous point en confciéce eftre
obligees de vacquer à leur inftructió:
ayant des feruiteurs & des feruantes
en quantité, n'auez vous point peur
que ce ne foit à vous à qui cefte parole de l'Apoftre s'adreffe: *Que qui n'a
foin de ces domeftiques a renié la foy,
& eft pire que les infideles.* Eftant ri-
ches, helas mon Dieu! que de pauures
vous reclament de tous coftez. Les
vns font dans les hofpitaux qui de-
firent que vous les vifitiez, les autres
font dans les prifons, fouuent pour

H ij

peu de chofe qui n'attédét plus finó
que vous les deliuriez, d'autres font
dás la honte de manifefter leur mife-
re & pauureté deuant le monde, qui
à tout moment attendent que vous
vous en enqueftiez.

Eftant Dames de qualité & bien
apparentees, comme vous eftes, fça-
uez vous bien qu'il y en a plufieurs
qui ne defireroiét de vous qu'vn petit mot de recommandation à
voftre frere, à voftre parent, à voftre mary, & ils feroient en liberté,
d'autres en fin qui font à tous
moments dans les rages & les defef-
poirs, aufquels fi vous donniez feu-
lement vne parole de confolation,
de la grace & du langage dont vous
eftes aduantagees de la nature, vous
les verriez fondre à vos pieds en lar-
mes, vous remerciant d'vn auffi bon
cœur eomme fi vous leur auiez donné la vie.

Cela eſtant, mes Dames, ie ne ſçay
pas pout moy quel temps vous pouriez prédre en ces iours là pour vous
diuertir, ailleurs voila plus de beſon-
gne que vous n'é ſçauriez faire, quád
vous auriez plus de zele, plus de fer-
ueur & de charité que vous n'auez:
Que ſi vous deſirez de l'employ les
iours ouurables, à qui tiét il que vous
n'en ayez? Pour eſtre Dames de qualité, penſez vous eſtre exéptes de tra-
uailler? C'eſt à ces iours là, mes Dames, qu'il faut quevous imitiez la féme forte, dont il eſt parlé dás l'Eſcri-
ture, Il faut prendre l'aiguille & le fu-
zeau en main, ſi ce n'eſt pour trauail-
ler pour vous & pour ceux de voſtre
famille, à tout le moins pour Dieu
ou pour les pauures.
Si vous eſtiez telles que voꝰ deuriez,
mes Dames, les Preſtres ne deuroiét
eſtre reueſtus principalement à l'Au-

tel que de l'ouurage de vos mains, ny
nos Autels resplandissans aussi bien
que nos Eglises, que de l'or & de la
soye que vos doits plus dignes ce sé-
ble que les autres auroient tissu.

C'est le dernier moyen que ie vous
donne, non seulement pour n'estre
point oisiues, & pour vous diuertir
du ieu, mais pour vous employer
sainctement dans les exercices conformes à vos conditions, lesquelles
estant honorables de soy, ne rece-
uront iamais plus grande augmentation de gloire, qu'en seruant à celuy, qui outre cet honneur, *vous pro-
met benediction en vos familles, en vos
biés, en vos enfäs, & en tout ce qui vous
appartient.* Pour par apres vous faire
participantes de sa gloire dans toute
l'eternité, où i'espere de vous voir, si
vous changez de vie.

Apres auoir respódu à toutes vos

obiections, mes Dames, ie penſe encore eſtre obligé de ſatisfaire à vn
doute qui poura venir en l'eſprit des
Doctes , entre les mains de qui ceſt
eſcrit poura tomber, qui eſt, que n'a-
yant point fait de diſtinction du ieu,
il ſemble que ie les veille tous condamner par ceſt eſcrit

A cela donc ie reſponds premiere-
ment que ma penſee n'a iamais eſté
telle, & qu'en ce preſent diſcours ie
n'entend condamner que les ieux de
hazard, non pas meſme en general,
ains ſeulement dans le particulier
comme il eſt maintenant pratiqué
par les Dames de Paris.

Secondement c'eſt que quand
i'aurois condamné tous les ieux de
hazard en general, ie ne manquerois
point d'authoritez pour maintenir
ma propoſition, ayant particulierement celle du Bienheureux Eueſque

de Geneue, qui a laiſſé par eſcrit dans ſon Introduction vne choſe, où peu de perſonnes ont iamais fait reflexió qui eſt, *que les ieux des dez, des cartes, & ſemblables, eſquels le gain depend du hazard, ne ſont pas ſeulement des recreations dangereuſes, mais elles ſont ſimplement & naturellement mauuaiſes & blaſmables.* C'eſt pourquoy elles ſont deffendues par les loix tãt ciuiles qu'Eccleſiaſtiques.

Car ſuppoſé la verité de ceſte doctrine, il s'en enſuiuroit bien d'autres conſequences que celles que i'ay deduites iuſqu'icy : car de là s'enſuit premierement qu'autant de fois cóme l'on iouroit à tels ieux, quand ce ne ſeroit qu'vn double, & pour peu de temps, l'on ne lairoit point de commettre autant de pechez.

Secondemét que les Confeſſeurs auroient droit de refuſer l'abſolutió

à ceux

à ceux & celles qui venant à eux
à confeſſe ne voudroient pas leur
promettre de s'abſtenir de tels ieux.

Troiſieſmement qu'vn Preſtre qui
dóneroit l'abſolution à vne perſonne qui ſe ſeroit accuſee deuát luy d'a-
uoir ioüé à tels ieux ſans l'auoir veuë
probablement diſpoſee à ne plus
ioüerà l'aduenir, commeteroitvn ſa-
crilege & ſon abſolution ſeroit
inutile au Penitént.

I'honore ceſte doctrine, cóme, celle
d'vn Sainct, Ie neveuxpas neátmoins
pour le preſent la ſouſtenir par ceſt
eſcrit, ny faire aucune inſtance ſur
toutes les conſequences qui s'en
peuuent tirer: Mais de là ſeulement
ie prens occaſion de prier les
Confeſſeurs, que puiſque le Bienheureux Eueſque de Geneue a eſté
dans ce ſentiment, *que tous les ieux*
de hazard ſont naturellement mauuais

I

& blasmables : d'estre extremement
exacts aux Penitents qu'ils sçauront
auoir quelque inclination à ce vice,
leur enioignant pour penitence de
s'en abstenir, à tout le moins autant
de temps comme ils iugeront à propos leur estre necessaire pour en perdre l'habitude.

Secondement apres m'estre adres-
sé aux Confesseurs pour leur faire
vne telle priere, ie ne sçay si en suite
de la doctrine de ce Bienheureux E-
uesque que tous les Euesques de Fráce regardét tantost cóme leur Patró,
I'oserois prendre la hardiesse de leur
faire vne supplication, qui seroit, que
comme ils desirent estre imitateurs
de la vie de ce grand Sainct, qu'ils se
rédissét aussi zelateurs de sa doctrine
particulieremét en ce point, cóman-
dát aux Predicateurs de prescher sou-
uét cótre cet abus afin de le deraciner

tout à fait, comme vn de ceux dont
les conſequences ſont encore plus
grandes au iugement du bienheureux Eueſque de Geneue, que celles
ny des bals, ny des danſes, qu'il ne
met qu'au rang des choſes dangereuſes, & non point au rang de celles
qui ſont mauuaiſes & prohibees par
les loix comme *eſt le Ieu, dont nous par-
lons.* Ioint auſſi que le mal eſt maintenant à vn tel point, que ſi l'on n'y
remedie bien toſt il n'en peut arriuer
que malheurs pour la France, detri-
ment à la Religion, augmentation
du vice & du libertinage, fomenta-
tion de l'hereſie & de l'atheiſme,
profanation de toutes les loix tant
diuines qu'humaines.

Et c'eſt pour cela que pluſieurs bô-
nes ames pour l'apprehenſion qu'elles ont de tous ces malheurs, ſouhai-
teroiét de voir de noſtre téps l'obſer

uatiõ exacte de toutes les ordõnãces
anciennes, touchant la prohibition
de tous ces fortes de ieux, tant en public comme en particulier ; fe con-
tentant neantmoins de prier, & de
plorer cependant , ne pouuant eux
mefmes y remedier.

Apres cefte digreffion , mes Dames, puis que le fuiet de ce liure a efté
pris en voftre faueur, il faut que ce
foit par vous autres que ie finiffe, ie
m'adreffe donc encore à vous autres
pour cefte derniere fois , vous coniu-
rãt par l'amour que vous portez à la
Frãce, par le zele que vous auez pour
voftre Religion , par la haine que
vous portez au vice, par le peu d'inclination que vous auez au libertinage, par l'horreur que ie fçay bien
que vous auez de l'herefie &
de l'atheifme , par l'obeiffance enfin que vous deuez aux loix tant

diuines qu'humaines, auſſi bien
que par le tiltre & la qualité que
l'Egliſe vous donne d'eſtre le ſexe
deuot,de quiter ce ieu maudit & malheureux,auec lequel non ſeulemẽt
la deuotiõ ne peut ſubſiſter, mais en
quelque façon ny l'Eſtat, ny la Reli-
giõ,puiſquevo⁹en deſtruiſezles loix.

Que ſi enfin aucune de ces conſiderations ne vous touche au moins
que l'apprehenſion d'eſtre du nombre des reprouuez, vous penetre
le cœur: Car ie vo⁹ dis pour derniere
parole,que la marque la plus aſſeuree peut eſtre que vous puiſſiez auoir
devoſtre reprobatiõ,eſt, que nonob-
ſtant toutes ces conſiderations vous
ayez encore la volóté de perſeuerer
en vos pechez, & particulierement
au ieu,que vous voyez auoir eſté cõ-
dáné en ceſt eſcrit par les maximes
de l'Euangile , par l'authorité des

Conciles, par l'exemple des punitiõs
que Dieu en a faict autrefois, par les
escrits des Saincts, & particulieremét
par ceux du Bien-heureux Euesque
de Geneue, dont la memoire aussi
bien que les escrits vous doiuent
estre en veneration, & ausquels ie
vous souhaite vne parfaite deuotió,
sçachant le talent que Dieu luy a
donné d'attirer à son seruice les plus
mondaines de vostre sexe par l'en-
tremise de ces escrits, dans lesquels
vous trouuerez, comme i'espere,
tout ce que vous pouriez souhaiter
en celuy cy.

F I N.

*Maxime gemo quod tam grande ma-
lum hoc, malum esse non creditur.*
Chrysost.hom.6.

Ie pleure sans cesse & m'afflige ex-
traordinairement, de ce qu'vn si
grand peché, n'est point estimé
peché.   Chrysost.hom.6.